Sentimientos

MW00891493

Bondad

Sarah Medina
Ilustrado por Jo Brooker

Heinemann Library
Chicago, Illinois

© 2007 Heinemann Library
an imprint of Capstone Global Library, LLC
Chicago, Illinois

Customer Service 888–454–2279
Visit our website at www.heinemannlibrary.com

All rights reserved. No part of this publication may be reproduced or transmitted in any form or by any means, electronic or mechanical, including photocopying, recording, taping, or any information storage and retrieval system, without permission in writing from the publisher.

Photo research by Erica Martin
Designed by Jo Malivoire
Translation into Spanish produced by DoubleO Publishing Services
Printed in the United States of America in Eau Claire, Wisconsin.
072013 007587RP

15 14 13
10 9 8 7 6 5 4 3 2 1

Library of Congress Cataloging-in-Publication Data
Medina, Sarah, 1960-
[Caring. Spanish]
Bondad / Sarah Medina ; ilustrado por Jo Brooker.
p. cm. -- (Sentimientos)
Includes index.
ISBN 1-4329-0612-7 (hb - library binding) -- ISBN 1-4329-0619-4 (pb)
ISBN 13: 978-1-4329-0612-2 (hb - library binding) -- ISBN 13: 978-1-4329-0619-1 (pb)
1. Caring--Juvenile literature. I. Brooker, Jo, 1957- II. Title.
BJ1475.M4318 2007
177'.7--dc22
2007017080

Acknowledgments
The author and publisher are grateful to the following for permission to reproduce copyright material: Bananastock p. 22A, B, D; Getty Images/Taxi p. 22C; Getty Images/photodisc p. 6, 7.

Every effort has been made to contact copyright holders of any material reproduced in this book. Any omissions will be rectified in subsequent printings if notice is given to the publisher.

Contenido

Algunas palabras están en negrita, **como éstas**. Están explicadas en el glosario de la página 23.

¿Qué significa la bondad?

La bondad es como un **sentimiento**. Según los sentimientos que tengas, dices y haces cosas distintas.

Cuando eres bondadoso piensas en lo que los demás sienten. Haces cosas buenas por las personas.

¿Qué ocurre cuando soy *bondadoso*?

Cuando eres bondadoso quieres ser amable con otras personas.

Piensas cómo puedes ayudar a otros.

¿Por qué debo ser bondadoso?

Cuando eres bondadoso haces feliz a los demás. ¡Te hace sentir bien a ti, también!

Cuando eres bondadoso otras personas lo **notan**. Esto les puede enseñar cómo ser más bondadosos.

¿Es fácil ser bondadoso?

Ser bondadoso es bueno, ¡pero no siempre es fácil! Algunas veces tienes que acordarte de ser bondadoso.

Piensa acerca de lo bien que se siente cuando alguien es bondadoso. Luego, decide cómo puedes ser bondadoso tú también.

¿Cómo puedo ser bondadoso?

Puedes ser bondadoso de muchas formas. Puedes ayudar a preparar el desayuno o a limpiar la casa.

Puedes acordarte de decir "por favor" y "gracias". Intenta decirle algo amable a alguien cada día.

¿Son siempre bondadosas las personas?

Algunas veces las personas
se olvidan de ser bondadosas.
Quizás están muy ocupadas.

De todos modos, sé *bondadoso* con ellas. Quizás entonces recuerden que es mejor ser *bondadoso*.

¿Puedo ayudar a alguien a ser bondadoso?

Tú puedes mostrarles a otros cómo ser bondadosos. Piensa en diferentes formas en las que pueden ser bondadosos juntos.

Si tu hermanito está dormido, no hagas mucho ruido cuando jueges para no despertarlo.

¿Qué debo hacer cuando alguien es *bondadoso*?

Cuando alguien es *bondadoso* contigo, dile lo bien que te sientes. Dile "¡gracias!"

Haz algo bueno por esa persona en otra ocasión. Así, sabrá que también te preocupas por ella.

¡Disfruta de ser bondadoso!

¡Ser bondadoso es fantástico!
Hace sentir bien a los demás.
También te hace sentir bien.

Alégrate si alguien es bondadoso. Pasa el buen **sentimiento** y sé bondadoso con alguien más.

¿Qué son estos sentimientos?

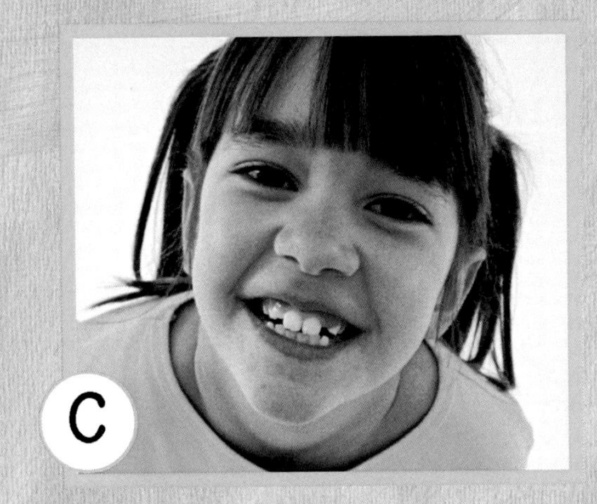

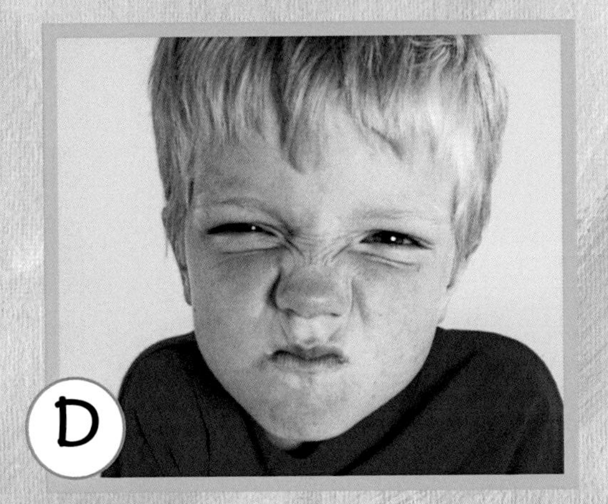

¿Cuál de estos niños parece feliz? ¿Qué sienten los otros niños? Mira en la página 24 para ver las respuestas.

Glosario ilustrado

sentimiento

algo que sientes en tu interior. La bondad es como un sentimiento.

notar

ver; darse cuenta

Índice

Respuestas a las preguntas de la página 22

La niña en la foto C parece feliz. Los otros niños podrían estar tristes, enojados o sentir celos.

Nota a padres y maestros

Leer para informarse es parte importante del desarrollo de la lectura en el niño. El aprendizaje comienza con una pregunta sobre algo. Ayuden a los niños a imaginar que son investigadores y anímenlos a hacer preguntas sobre el mundo que los rodea. Muchos capítulos en este libro comienzan con una pregunta. Lean juntos la pregunta. Fíjensen en las imágenes. Hablen sobre cuál piensan que puede ser la respuesta. Después, lean el texto para averiguar si sus predicciones fueron correctas. Piensen en otras preguntas que podrían hacer sobre el tema y comenten dónde podrían encontrar las respuestas. Ayuden a los niños a utilizar el glosario ilustrado y el índice para practicar vocabulario nuevo y destrezas de investigación.